essentials

Essentials liefern aktuelles Wissen in konzentrierter Form. Die Essenz dessen, worauf es als „State-of-the-Art" in der gegenwärtigen Fachdiskussion oder in der Praxis ankommt. Essentials informieren schnell, unkompliziert und verständlich.

* als Einführung in ein aktuelles Thema aus Ihrem Fachgebiet
* als Einstieg in ein für Sie noch unbekanntes Themenfeld
* als Einblick, um zum Thema mitreden zu können.

Die Bücher in elektronischer und gedruckter Form bringen das Expertenwissen von Springer-Fachautoren kompakt zur Darstellung. Sie sind besonders für die Nutzung als eBook auf Tablet-PCs, eBook-Readern und Smartphones geeignet.

Essentials: Wissensbausteine aus Wirtschaft und Gesellschaft, Medizin, Psychologie und Gesundheitsberufen, Technik und Naturwissenschaften. Von renommierten Autoren der Verlagsmarken Springer Gabler, Springer VS, Springer Medizin, Springer Spektrum, Springer Vieweg und Springer Psychologie.

Claus Lampert

Einführung in die Hotel- und Barpsychologie

 Springer

Claus Lampert
Frankfurt am Main
Deutschland

ISSN 2197-6708   ISSN 2197-6716 (electronic)
essentials
ISBN 978-3-658-08472-1   ISBN 978-3-658-08473-8 (eBook)
DOI 10.1007/978-3-658-08473-8

Die Deutsche Nationalbibliothek verzeichnet diese Publikation in der Deutschen Nationalbibliografie; detaillierte bibliografische Daten sind im Internet über http://dnb.d-nb.de abrufbar.

Springer
© Springer Fachmedien Wiesbaden 2015

Gedruckt auf säurefreiem und chlorfrei gebleichtem Papier

Springer Fachmedien Wiesbaden ist Teil der Fachverlagsgruppe Springer Science+Business Media
(www.springer.com)

Was Sie in diesem Essential finden können

- Dieses Essential bietet Ihnen Einblicke in den derzeitigen Stand der Hotel- und Barpsychologie.
- Darüber hinaus werden erstmalig Überlegungen zur Helferbeziehung und Gästeberatung vorgestellt, die im weiter oben genannten Lehrbuch noch nicht enthalten sind.
- Gemeinsamkeiten und Unterschiede zwischen Beratendem bzw. Gastwirt und Psychologe werden herausgearbeitet und miteinander verglichen.
- Acht Hypothesen könnten erklären, warum manche Gäste dem Bartender bzw. Gastwirt ihre Lebensgeschichte erzählen und ihr Leid klagen.
- Es wird dargestellt, wie das Konzept der Übertragung beitragen könnte zu verstehen, warum dieser ihnen geduldig zuhört und sich als un(ter)bezahlter Berater zur Verfügung stellt.

Vorwort

In meinem Lehrbuch „Hotel- und Barpsychologie", erschienen bei Springer (2013), vermittle ich den Leserinnen und Lesern psychologisches Grundlagenwissen mit Blick auf die tägliche Arbeit von Hoteliers und Gastronomen. Viele Übungen und Merksätze sollen dazu anregen, die Theorie mit der Praxis zu verbinden. Intuition und Erfahrung können hierdurch manchmal infrage gestellt und überprüft werden. Sie werden jedoch letztlich als sehr wichtige Fähigkeiten geachtet und gewürdigt.

Ist es möglich, die Marotten der Gäste zu verstehen? Wie hängen Licht und Nahrungsaufnahme der Gäste zusammen? Was bewegt einen Gast, mehr Trinkgeld zu geben? Oder wodurch erkenne ich, ob es Sinn macht, eine Frau in einer Bar anzusprechen oder besser nicht? Antworten auf diese und viele andere Fragen aus der gastronomischen Alltagswelt zu geben sind Gegenstand und Aufgabe der „Hotel- und Barpsychologie".

Da ich in der Begrifflichkeit nicht ständig wechseln möchte, verwende ich häufiger den Begriff „Bartender" für Gastwirt, Hotel- und Restaurantkaufmann bzw. fachmann, Kellner, Servicemitarbeiter, Manager und auch für beide Geschlechter gleichermaßen.

Frankfurt am Main, im November 2014   Claus Lampert

Inhaltsverzeichnis

Claus Lampert Diplom-Psychologe, Psychologischer Psychotherapeut, Lehrthera-
peut und Supervisor, arbeitet als niedergelassener Psychotherapeut in Frankfurt am
Main und ist seit vielen Jahren in der Berufsausbildung und Weiterbildung tätig. Seit
2004 hält er Vorträge und Seminare und veröffentlicht Artikel zum Thema Hotel- und
Barpsychologie. www.barpsychologie.de.

Einleitung 1

*Wozu denn 'ne Psychologie für Gastronomen? Ich will
doch meine Gäste nur gut versorgen, ihnen mal zuhören
und sie höflich beraten!*

Mit solchen und ähnlichen Fragen und Bemerkungen reagieren viele Personen,
wenn sie das erste Mal von „Hotel- und Barpsychologie" hören. Sie reagieren ver-
wundert, erstaunt, befremdet – aber auch neugierig, weil es eine Wortzusammen-
setzung ist, die sie meist noch nicht gehört haben. Viele fragen mich dann: „Was
ist denn das?" Und ich erkläre ihnen, dass es dabei um die Lehre von den psychologischen Phänomenen innerhalb der Gastronomie geht. Und dass ich darüber ein
Buch geschrieben habe und, soweit mir bekannt, sogar das erste überhaupt. Es ist
für alle Personen gedacht, die in der Gastronomie arbeiten – und vor allem für die
Auszubildenden. Deshalb bemerkte ein Frankfurter Bartender: „Es ist ja wie ein
Schulbuch aufgebaut…" Und damit hatte er recht, denn es geht um die Schulung
in Psychologie. Ich wollte jedoch ein Buch schreiben, das für Gastronomen eine
gute Einführung in die Psychologie bietet. Dass das Buch von einem renommierten
Hochschullehrer der Polizeiwissenschaften für die Service-Schulung von Polizei-
beamten empfohlen wurde (vgl. Feltens 2014), ist sicher auch kein Nachteil. Dies
hat mich sehr gefreut und zeigt wohl auch, dass es für den Alltag zu gebrauchen ist.

Für mich als Schreiber war es sehr mühselig und anstrengend, ein wissenschaft-
liches „Schulbuch" zu schreiben. Besonders die Theorie- und Literaturhinweise
zu recherchieren und zusammenzutragen, um sie dann in wenigen Worten darzu-
stellen, war eine große Herausforderung. Freude am Schreiben ist sicher etwas an-

© Springer Fachmedien Wiesbaden 2015

C. Lampert, *Einführung in die Hotel- und Barpsychologie,* essentials,
DOI 10.1007/978-3-658-08473-8_1

deres. Dennoch bin ich aus heutiger Sicht sehr froh und glücklich darüber, ein gut fundiertes Lehrbuch anbieten zu können – eine Psychologie für die Gastronomie.

Wenn ich davon berichte, werde ich häufig fragend, unsicher oder skeptisch angeschaut – so, als spräche ich über etwas, das aus einer anderen Welt stammt. Und ich habe in mir öfters auch ein etwas unbehagliches Gefühl wahrnehmen können. So, als sei ich ein Fremder, ein Eindringling in eine Welt, in der meine Sprache bisher nicht gesprochen wurde. Immer wieder fragte ich mich, wie ich aus meiner Berufswelt, der eines Psychologen mit langjähriger spezifischer Ausbildung, eine Brücke zur Berufswelt der Gastronomen bauen kann. Bisher konnten sie ihren Beruf wohl kaum mit Psychologie in Verbindung gebracht haben, sonst gäbe es ja schon längst ein Buch darüber. Natürlich haben mittlerweile die meisten Menschen eine Vorstellung davon oder eine Meinung dazu – etwa folgende: „Es geht doch bei Psychologie um Kommunikation – oder?" Andere sagen: „Ich hab' doch genug Ahnung von Psychologie – bei all dem, was ich mir seit Jahren von Gästen anhören musste!"

Dass Psychologie sehr viel mehr sein kann als Kommunikation und dass psychologische Kenntnisse vieles verständlicher machen können – das möchte ich meinen Leserinnen und Lesern in meinem Lehrbuch „Hotel- und Barpsychologie – Psychologie für die Gastronomie" vermitteln.

Wozu eine Psychologie für die Gastronomie?
Hierfür gibt es mindestens vier gute Gründe:

1. Weil in der Gastronomie die menschlichen Beziehungen im Mittelpunkt stehen!
2. Wer mit Menschen arbeitet, der sollte auch Kenntnisse über das haben, womit er es täglich zu tun hat – nämlich mit Gästen!
3. Weil sich die Psychologie mit den Erlebens- und Verhaltensweisen des Menschen beschäftigt, ist die Hotel- und Barpsychologie das passende Fachgebiet!
4. Weil dies bisher versäumt wurde und die Psychologie – und speziell die Hotel- und Barpsychologie – somit ein Zugewinn für jeden ist, der mit Gästen arbeitet!

Wie bei allem, was neu ist und erst gelernt werden will, so benötigt es auch zum Erlernen psychologischer Inhalte einer gewissen Neugier und eines Interesses am seelischen Verstehen von Menschen. Wer jedoch der Meinung ist, das Innere seiner Gäste bestehe nur aus Organen wie Herz, Lunge, Leber und Nieren, dem ist wahrscheinlich mehr damit gedient, ein Anatomiebuch zu lesen.

Psychologisches Wissen ist eben oft nicht so fassbar wie Organe, aber es ist jedem vertraut, denn es ist spürbar, erlebbar, nachweisbar und sogar messbar – also kein bloßes „Hirngespinst". Nicht die Leber entscheidet, was ich am Abend trinken möchte, oder das Herz, ob ich ein Restaurant schön finde und mir das Essen schmeckt. Erlebens- und Verhaltensweisen sind das Endresultat von sehr vielen psychischen Prozessen. Diese versuchen unzählige Wissenschaftlerinnen und Wissenschaftler aus aller Welt seit über hundert Jahren zu erforschen. Es ist also die Psychologie, von der ich Ihnen berichten möchte. Dass Psychologie mittlerweile zu den begehrtesten Studienfächern in der BRD gehört – mit einem der höchsten NC – zeigt doch, dass sie längst in der Mitte unserer Gesellschaft angekommen ist. Und sie darf deswegen meiner Meinung nach auch den Mitarbeitern und Auszubildenden in den Hotels und der Gastronomie nicht länger vorenthalten werden. Das Fachwissen der Hotel- und Barpsychologie richtet sich vorrangig an die Mitarbeiter, die hauptberuflich in der Hotellerie oder Gastronomie tätig sind, sich in der Ausbildung zu einem Beruf dieser Branche befinden oder sich allgemein für psychologische Zusammenhänge interessieren. Mitarbeiter, die nur aushilfsweise im Catering oder in der Küche arbeiten, interessiert vielleicht weniger das Wissen über Wahrnehmung, emotionale Intelligenz oder darüber, woran man erkennt, ob ein Kollege oder eine Mitarbeiterin schon innerlich gekündigt hat. Natürlich kann jeder, der im Service tätig ist, davon profitieren, so auch Angehörige anderer Berufsgruppen, etwa Friseure oder Taxifahrer, und natürlich auch diejenigen, die bei sich zu Hause selbst gerne Gäste bewirten.

Wer von Berufs wegen den ganzen Tag in Kontakt mit Gästen ist und sich ständig auf neue Persönlichkeiten einstellen muss, wer mehr über das Erleben und Verhalten seiner Gäste erfahren möchte, als Intuition und Kommunikation mit den Gästen zutage fördern, dem kann ich mein Lehrbuch nur empfehlen. Sicher kann auf 155 Seiten nicht das komplette Wissen der Psychologie zusammengetragen und abgebildet werden. Dies auch nur zu versuchen, wäre völliger Unsinn. Aber in diesem Buch geht es ja vorrangig um die Vermittlung von psychologischen Basics. Auch wenn manches auf den ersten Blick als unnötig erscheint, so wird es sich auf dem zweiten Blick womöglich doch als relevant erweisen, denn ein Bild von der psychischen Funktionsweise des Menschen und seiner inneren Repräsentationen der Außenwelt kann sich nur allmählich entwickeln, Schritt für Schritt, peu à peu. Dies erfordert theoretisches Wissen, aber auch achtsames Beobachten seiner selbst und des Verhaltens von anderen. Ideal wäre es, sich parallel mit interessierten Kollegen und Kolleginnen über die theoretischen Inhalte auszutauschen. So erhöhen Sie den Lernzuwachs und werden sicher ein kompetenter und gefragter Hotel- und Barpsychologe. Ich finde, jeder Betrieb sollte mindestens eine Mitarbeiterin oder einen Mitarbeiter haben, der in psychologischen Fragen geschult und für sie zuständig ist und bei Bedarf sein Fachwissen dem Team anbieten kann.

Um Ihnen nun einen kurzen „Ein-Blick" in die Hotel- und Barpsychologie geben zu können, habe ich dieses Essential verfasst – und ich wählte ganz bewusst den gleichen Titel wie bei meinem oben genannten Lehrbuch. Dieses Essential beinhaltet darüber hinaus auch Themen, die ich ins Lehrbuch noch nicht aufgenommen habe – wodurch diese Kurzfassung zu etwas Besonderem wird. In ihr versuche ich erstmals, Gemeinsamkeiten und Unterschiede zwischen der Arbeitswelt der Berufsgruppen Bartender bzw. Gastwirt und jener eines Psychologen herauszuarbeiten. Des Weiteren bilde ich Hypothesen darüber, wie es dazu kommen kann, dass manche Gäste dem Bartender ihre Lebensgeschichte erzählen – und weshalb dieser ihnen geduldig zuhört und sich als un(ter)bezahlter Berater zur Verfügung stellt. Gerade dieses Thema empfinde ich als eines der spannendsten innerhalb der Hotel- und Barpsychologie überhaupt.

Grundlagen der Hotel- und Barpsychologie 2

2.1 Einleitung

Für Hotelmitarbeiter und Gastronomen ist eine psychologische Betrachtung und Herangehensweise sicherlich erst mal ungewohnt. Intuitiv sind aber Phänomene wie Wahrnehmen, Denken, Urteilen, Entscheiden usw. jedem vertraut, auch wenn man sie nicht gleich tiefgründig verstehen und fachlich benennen kann. So teilen zum Beispiel alle Menschen die Fähigkeit, die Welt über ihre Sinne wahrnehmen zu können, egal ob in Europa, Amerika, Asien oder Afrika. Allgemeine Fähigkeiten wissenschaftlich zu untersuchen und zu beschreiben ist Aufgabe der **Allgemeinen Psychologie.** Zu ihr gehören die **Wahrnehmungspsychologie,** in der es um Sehen, Hören, Riechen, Schmecken und Tastempfindungen etwa von Gästen geht, die **Kognitionspsychologie,** die sich mit der Erforschung von Denken, Aufmerksamkeit, Gedächtnis, Urteilsbildung und Problemlösen etc. beschäftigt, und die **Lernpsychologie** mit den Theorien der klassischen Konditionierung, der operanten Konditionierung und dem Lernen am Modell.

Mit der Erforschung von Gefühlen beschäftigt sich die **Emotionspsychologie.** So kennt jeder Mensch Emotionen wie Freude, Trauer, Angst, Wut, Scham oder Mitgefühl, die das Leben spürbar werden lassen. Was schließlich unser Tun und Handeln bestimmt, wird stark von unserer Motivationslage bestimmt. Diese ist Gegenstand der **Motivationspsychologie.**

Um psychologisch fundierte Aussagen treffen zu können, bedarf es – wie in jeder anderen Wissenschaft – einer **Methodenlehre.** In der Psychologie basiert diese in der Regel auf der Analyse von Daten aus Experimenten und empirischen Untersuchungen. Diese Daten werden anschließend statistisch ausgewertet und ge-

© Springer Fachmedien Wiesbaden 2015
C. Lampert, *Einführung in die Hotel- und Barpsychologie,* essentials,
DOI 10.1007/978-3-658-08473-8_2

prüft. Die statistischen Ergebnisse und Aussagen sind immer Wahrscheinlichkeitsaussagen und können subjektive Intuitionen und Erfahrungen gut ergänzen. Im Unterschied zum spekulativen Alltagsdenken beruhen wissenschaftliche Aussagen auf kritischer Erfahrung, Rationalität, systematischer Beobachtung, empirischer Vorgehensweise, strenger experimenteller Kontrolle und Wiederholbarkeit. Die Daten müssen allen Personen öffentlich zugänglich gemacht werden, um Ergebnisse überprüfen und Widersprüche aufdecken und widerlegen zu können.

2.2 Wahrnehmung, Kognition und Lernen

Wahrnehmung ist für jeden Menschen wichtig, um sich in der Welt orientieren zu können – und deswegen auch für Gastronomen von großer Bedeutung. Für ihn sind zum Beispiel Kenntnisse aus der Farbenlehre, zur Raumgestaltung und Akustik oder über die Wirkung von Licht auf den Gast, aber auch auf das Personal, besonders wichtig. So kann es von Interesse sein zu wissen, dass von allen Sinnen das Sehen mit ca. 70 % am stärksten an der Eindrucksbildung beteiligt ist. Genaueres habe ich in meinem Schul(ungs)buch „Hotel- und Barpsychologie" ausführlich beschrieben und für den gastronomischen Alltag aufbereitet.

Die Wahrnehmung der Außenwelt, aber auch der Innenwelt, ist subjektiv unterschiedlich und leicht beeinflussbar. Sie wird letztlich von unserem Gehirn erzeugt. Deshalb verändert sie sich auch durch den Gebrauch von Alkohol oder anderer Drogen. Wenn man über Wahrnehmung spricht, egal von welcher Sinnesqualität, dann sind drei Begriffe von Bedeutung: Die **Reizschwelle** ist die Grenze, ab der 50 % aller Menschen einen Reiz wahrnehmen würden. Die **Unterschiedsschwelle** bildet die kleinste Differenz, die 50 % aller Menschen bemerken würden. Und als **unterschwellig** werden Reize bezeichnet, die zwar vorhanden, aber uns nicht unmittelbar bewusst sind (Karremans et al. 2006).

Die gezielte Manipulation der Wahrnehmung macht auch vor der Gastronomie nicht halt – auch wenn es dem einzelnen Gastwirt nicht immer bewusst ist, womit er seine Gäste beeinflusst. Hierzu zählt etwa der Einsatz von Licht, Farben, Dekoration, Speisen, Gewürzen oder Musik. Das alles hat zum Ziel, gewünschte Reaktionen beim Gast hervorzurufen. In der Regel sind dies Wohlbefinden und Genuss – sodass er bald wiederkommen möge, um einen Teil seines Ersparten abzugeben.

Um bestimmte Eindrücke beim Gast hervorrufen zu können, sind Informationen aus der Psychologie hilfreich – so etwa jene aus dem Experiment von Oberfeld (2010), das zeigte, dass hell gestrichene Wände einen Raum höher wirken lassen. Dies zu wissen, kann einem Restaurantbesitzer, der nur kleinere Räume zur Verfügung hat, helfen, einen niedrigen Raum optisch größer erscheinen zu lassen. Mehta und Zhu (2009) fanden zum Beispiel heraus, dass Rot die Aufmerksamkeit für das Detail erhöht. Und von Elliot und Niesta (2008) stammt der Nachweis, dass rote Kleidung die Attraktivität steigert. Rot gestrichene Räume werden von Gästen häufiger aufgesucht, in blauen Räumen halten sich Gäste länger auf und in gelben Räumen soll etwa doppelt so viel verzehrt werden als in blauen oder roten – dies konnten Mai und Rettig (2011) belegen.

Jeder durchschnittlich gebildete Erwachsene weiß, dass durch die Zufuhr von zu viel Alkohol die Nervenzellen im Gehirn in ihren Funktionen beeinflusst werden. Hierdurch verändert sich ihre Aktivität und in Folge auch die gesamte Wahrnehmung und Reaktionsfähigkeit eines Menschen. So können Personen attraktiver erscheinen, je später der Abend und je mehr Alkohol der Gast konsumiert hat. Wie sich das Verhalten der Gäste im Laufe des Abends verändern kann, kennt jeder, der in einer Bar gearbeitet hat. In meinem Lehrbuch gehe ich deshalb ausführlich auf die Phänomene der Wahrnehmung, Wahrnehmungstäuschung und der kognitiven Verzerrungen ein.

Aufgrund dieser genauen Herangehensweise habe ich manchmal die Rückmeldung erhalten, das Lehrbuch „Hotel- und Barpsychologie" sei eher etwas für Psychologen, zu speziell und für den Alltag in der Gastronomie nicht so geeignet. Mein Lehrbuch gibt in der Tat einen guten Überblick, auch für angehende Psychologiestudenten vor dem ersten Semester, der immer wieder auch in die Tiefe geht – aber dies sehe ich nicht als Nachteil. Mein Ziel und Anliegen war es, auf relativ wenigen Seiten (155) dem Leser gezielte Informationen aus der Psychologie anzubieten. Wer beginnt, das doch recht schmale „Schulbüchlein" zu lesen, wird schnell feststellen, dass es nicht wie ein Roman aufgebaut ist. Die Inhalte entsprechen keinem Fast Food, sondern sind eher etwas für Gourmets. Ich berichte nicht von Geschichten aus der Bar, was vielleicht auch sehr amüsant sein könnte, sondern von gut untersuchten psychologischen Fakten. Wobei ich die Theorie mit praktischen Beispielen und alltagstauglichen Übungen verbinde. Mir ist bewusst, dass 155 Seiten Fachbuch mehr und anstrengender sein können als 300 Seiten Roman. Um geballtes Wissen besser verstehen zu können, ist deshalb auch mehrmaliges Nachlesen völlig normal und kein Ausweis einer Schwäche. So werden dann aus 155 Seiten schnell 300 Seiten Lektüre. Da strich schon manch einer vorzeitig die Segel und legte das Buch erst einmal zur Seite, weil er glaubte, es sei zu speziell – aber vielleicht auch aus einer gewissen (kognitiven) Bequemlichkeit heraus.

Alle Menschen, so auch Bartender und Gäste, besitzen intuitive Grundkenntnisse der **Kognitionspsychologie,** da jeder denken, sprechen, andere „aus dem Bauch heraus" einschätzen, sich erinnern und vieles mehr kann. Der Begriff „Kognition" wird in der Psychologie umfassend für alle Formen des Erkennens und Wissens benutzt (Zimbardo 2008). Hierzu zählen unter anderem Fähigkeiten wie

Aufmerksamkeit, Erinnern, Urteilen, Problemlösen, Vorstellen und Entscheiden. Es geht um die Beantwortung von Fragen wie: Was hilft mir, um bei meiner Arbeit konzentriert und aufmerksam zu bleiben? Wie kann ich mir Bestellungen gut merken? Können Frauen mehr Informationen verarbeiten als Männer? Wie kann ich bestimmte Fehler zukünftig vermeiden? Und wie kann ich mich bilden und womit meine Kompetenzen erweitern? In jedem Arbeitsprozess werden auch Fehler gemacht. Viele Missverständnisse beruhen dabei auf kognitiven Fehlschlüssen oder informativer Überforderung. Um diese besser zu erkennen, können Kenntnisse über kognitive Verzerrungen und Heuristiken wichtig sein. Solche Verzerrungen kann man auch als **Denkfehler** bezeichnen. Zu den Denkfehlern zählen beispielsweise Schwarz-Weiß-Denken, Katastrophisieren, Übergeneralisieren, Gefühle als Beweise zu setzen, Positives auszuschließen, „Gedankenlesen" und ein Tunnelblick, mit dem es dem Betreffenden schwerfällt, Alternativen zu sehen.

Auch das Lösen von Problemen kann durch Schulung und ein gezieltes Problemlösetraining erlernt und verbessert werden. Stellen Sie sich vor, Sie werden jede Woche immer wieder mit dem gleichen Problem konfrontiert, Sie ärgern sich, und es kostet Sie viel Kraft, die anderweitig besser genutzt werden könnte. Mit bestimmten Lösungsschritten, erlernt in einem Problemlösetraining, kann es möglich sein, dies zu erkennen und zukünftig zu verbessern. Manchmal genügen da Intuition und Erfahrung nicht, sonst würde ja das eine oder andere Problem nicht immer wieder auftreten – oder es wäre schon gelöst. Die Voraussetzung, ein Problem lösen zu können, ist, es überhaupt als solches zu erkennen – und es sich danach einzugestehen, was bekanntlich nicht so ganz einfach ist. Hierzu müssten Sie vielleicht bereit sein, Ihre Einstellung zu ändern, oder Sie müssten sich Unterstützung holen und an Ihren Kompetenzen arbeiten. Hotel- und Barpsychologie kann einen wichtigen Beitrag leisten, denn so, wie das Problemlösen erlernbar ist, so können auch viele andere Handlungsabläufe mittels psychologischer Kompetenzen verbessert werden. Also weshalb nicht auch einige Zeit für deren Erwerb aufwenden, damit so manches versteh- und lösbar werden kann?

Für alle Mitarbeiter ist das Wissen aus der **Lernpsychologie** von großem Nutzen, speziell wenn es darum geht, sich und andere zu motivieren und ein bestimmtes Verhalten zu erlernen. Hierzu beschreibe ich in meinem Lehrbuch ausführlich die klassischen Lerntheorien, etwa klassisches Konditionieren, operantes Konditionieren und das Modelllernen. Hierbei geht es hauptsächlich darum, wie ein Individuum lernt, zwei Reize bzw. Handlungsabläufe miteinander in Verbindung zu bringen, und wie Belohnungsmechanismen (Verstärkung), die unmittelbar auf eine Handlung folgen, wirken und gezielt eingesetzt werden können.

Bei der positiven Verstärkung folgt einem Verhalten unmittelbar eine angenehme Konsequenz, sodass die Wahrscheinlichkeit hoch ist, dass dieses Verhalten wiederholt wird. Wenn man in einer Bar gute Erfahrungen macht und sich wohlfühlt, wird man wahrscheinlich auch wiederkommen! Bei der negativen Verstärkung folgt einem Verhalten der Entzug eines unangenehmen Reizes. So kann beispielsweise das Trinken von Alkohol nach einem anstrengenden Arbeitstag zur Reduktion einer inneren Spannung führen und als Verstärker für Trinkverhalten wirken. Dieses Wissen ist eine gelernte Reaktion und wirkt nach einigen Lernerfahrungen unbewusst weiter. (Lampert 2013, S. 30).

2.3 Emotion und Motivation

Wichtige Gründe, weshalb Gäste ein Lokal aufsuchen, sind ihr Wunsch nach positiver emotionaler Stimulierung und sozialer Zugehörigkeit, nach Begegnung mit anderen und Gruppenerleben oder – ganz trivial –, um Nahrung aufzunehmen. Hierbei spielen Emotionen eine entscheidende Rolle, weshalb Grundkenntnisse der **Emotionspsychologie** für jeden, der in der Gastronomie arbeitet, wichtig sind. Diese können Sie hier gleich mal testen. Bitte überprüfen Sie, was die Gesichter in Abb. 2.1 bei Ihnen spontan auslösen, und fragen Sie sich anschließend, in welchem Gefühlszustand sich die Person jeweils befinden mag. Dies setzt Empathie und Selbstbeobachtung voraus.

Solche Beispiele und andere Übungen finden Sie in meinem Lehrbuch. Denn zu wissen, wie sich ein Gast fühlt, wenn ich dies oder jenes tue oder unterlasse, entscheidet, ob er wiederkommt oder nicht. Manche Gäste fühlen sich schneller frustriert als andere und reagieren dann verärgert – so wie es Kinder tun, wenn sie ihren Lolli nicht bekommen. Erwachsene erleben und handeln nicht viel anders als Kinder, gerade wenn es nach Feierabend um die Befriedigung ihrer tagsüber aufgeschobenen Bedürfnisse geht. Hierbei spielen Stimmungen und emotionale Prozesse eine entscheidende Rolle.

Ob Gäste wiederkommen und zu Stammgästen werden, ist davon abhängig, wie man als Gastgeber auf seine Gäste eingehen kann. Dies ist jedoch auch von der jeweiligen **emotionalen Intelligenz** abhängig. Gemeint sind hiermit die Fähigkeiten einer Person, ihre Gefühle und die Gefühle anderer zu erkennen, zu deuten, zu kontrollieren und sich selbst zu motivieren.

Nach Goleman (1998) gehören zur emotionalen Intelligenz Fähigkeiten wie Selbstwahrnehmung, emotionale Selbstbewusstheit, Durchsetzungsfähigkeit, Empathie, Unabhängigkeit, Selbstverwirklichung, soziale Verantwortlichkeit, Beziehungsregulation, Stressmanagement, Stresstoleranz, Impulskontrolle, Anpassungsfähigkeit, Realitätsorientierung, Flexibilität, Problemlösen und eine positive Stimmung, also Optimismus und Freude.

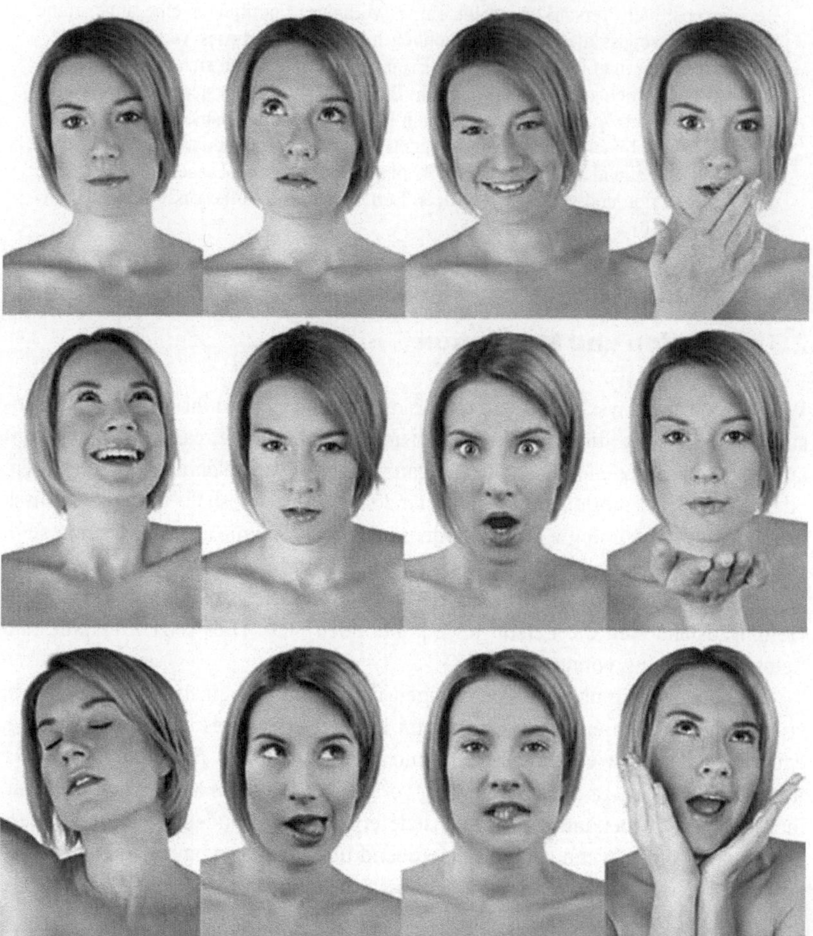

Abb. 2.1 Verschiedene Emotionen in einem Gesicht. (aus: Lampert 2013, S. 33; ©
iStockphoto/Thinkstock)

Eng mit den Emotionen verbunden ist der Bereich von **Motivation und Handlung**. Begriffe wie Motiv, Trieb und Instinkt haben dabei eine zentrale Rolle. Gerade im Umgang mit Mitarbeitern, aber auch in Bezug auf sich selbst ist Motivation
ein wichtiges Alltagsthema. Einen besseren Umgang damit kann man erlernen,
indem man sich mit der **Motivationspsychologie** beschäftigt.

Motivation bedeutet das „Ingangsetzen" einer Handlung sowie deren Steuerung und Aufrechterhaltung, wobei Ziele, Bedürfnisse, Wünsche, Intentionen und der Zweck von großer Bedeutung sind. Es gibt frühe Motivationstheorien bereits von Charles Darwin, Sigmund Freud oder Clark Hull, der wie Freud davon ausging, dass Spannungsreduktion das Ziel der Motivation zu einer Handlung sei und dass durch das Erreichen des Ziels schließlich Befriedigung und Lust entstünden.

Andere und zum Teil nahezu mathematische Motivationstheorien stammen von Neil Atkinson (Risikowahlmodell), Kurt Lewin (Feldtheorie), Leon Festinger (die Theorie der kognitiven Dissonanz), Frederick Herzberg (die Zwei-Faktoren-Theorie) oder Seymour Epstein (die Bedürfnistheorie). Kenntnis und Anwendung dieser Theorien und Modelle können so manchen Stillstand wieder in Gang setzen und verstehbar werden lassen. So bewahrheitet sich das alte Sprichwort: „Die beste Praxis ist eine gute Theorie."

Wo unterschiedliche Ziele aktiv sind, dort kann es zu Konflikten kommen – oder auch dann, wenn den Motiven innere oder äußere Widerstände entgegenstehen. Eine klassische Konflikttheorie stammt von Dollard und Miller (1939). Nach Miller sind die bedeutendsten Konflikte der Annäherungs-Vermeidungskonflikt, der Annäherungs-Annäherungs-Konflikt und der Vermeidungs-Vermeidungs-Konflikt. Ungelöste Konflikte im Team, aber auch mit Gästen, können sehr viel psychische Energie binden, was einen Verlust von Gästen oder sogar den Verlust des Arbeitsplatzes zur Folge haben kann. Deshalb sei hier daran erinnert, dass eine vorrangige Klärung der Konflikte, sei es im Team oder gegenüber Gästen, ein sehr wichtiges Regulativ einer jeglichen Beziehung ist und letztlich auch der wichtigsten Beziehung – der zu sich selbst. Hierbei kann Hilfe von außen, wie beispielsweise eine Teamsupervision sie bietet, sehr nützlich sein.

2.4 Persönlichkeit und Gehirn

Zu den allgemeinen Grundkenntnissen und Kompetenzen von Gastronomen zählt zweifellos die Menschenkenntnis. In der Psychologie wird dies unter dem Begriff **Persönlichkeitspsychologie** (Typenlehre) zusammengefasst. Wir alle unterscheiden uns in bestimmten Merkmalen voneinander und haben Neigungen und Tendenzen, in bestimmten Situationen sehr unterschiedlich zu reagieren. So, wie die Allgemeine Psychologie Merkmale untersucht, die allen Menschen gemeinsam sind, erforscht die Persönlichkeitspsychologie Merkmale, in denen sich Personen voneinander unterscheiden – wie Ängstlichkeit, Intelligenz, Aggressivität, Kreativität etc. Gerade diese psychischen Differenzen sind es, die auch Gäste aufweisen und an denen man die Unterschiede vom einen zum anderen erkennen kann.

Deshalb halte ich eine Lehre der Persönlichkeitstypen in der gastronomischen Aus- und Weiterbildung für sehr wichtig und hilfreich. Diesem Thema habe ich in meinem Lehrbuch, beginnend mit der Antike bis hin zu den aktuellen Persönlichkeitstheorien, ein eigenes Kapitel gewidmet.

Im Weiteren gehe ich auch auf das Gehirn ein, da es das einzige Organ in unserem Körper ist, welches in der Lage ist, sich selbst zu verstehen. Ich finde die Leistungsfähigkeit des Gehirns überaus faszinierend, ja unfassbar, und gerade deshalb habe ich ihm ein eigenes Kapitel gewidmet, das von den neurologischen Grundlagen des Menschen und von seinen Süchten handelt. Kenntnisse über „die Hardware" der Psyche sind auch ein wichtiger Bereich innerhalb der heutigen Psychologie. In Anlehnung an die Fachsprache möchte ich ihn deshalb **„Biologische Hotel- und Barpsychologie"** nennen. Unser Erleben und Verhalten wäre ohne das **Nervensystem** mit der Hauptsteuerzentrale, dem Gehirn, nicht vorstellbar. Die bildgebenden Verfahren, mit denen die Gehirnaktivitäten direkt sichtbar gemacht werden können, lassen dabei zunehmend den Eindruck entstehen, dass alles Psychische irgendwann auch naturwissenschaftlich versteh- und nachweisbar sein wird. Bisher jedoch ist dem nicht so, obwohl man beobachten kann, in welchen Gehirnbereichen bei bestimmten Aufgaben eine erhöhte Durchblutung auftritt, oder auch untersucht, welche Fähigkeiten nach einem Schlaganfall verloren gegangen sind, und auf diese Weise bestimmte Landkarten des Gehirns und seiner Funktionsareale erstellt. Auch lassen sich Hormone finden, die für die zwischenmenschliche Bindung oder Lust mitverantwortlich zu sein scheinen. Oder man zeigt auf, dass Farbempfindungen und Emotionen mittels Elektroden im Gehirn ausgelöst werden können. Wir alle, ob Psychologen, Therapeuten oder Gastronomen, hören und erleben täglich die Geschichten unsrer Gesprächspartner. Diese Geschichten, Erlebnisse und Erinnerungen konnten bisher von den Apparaten jedoch nicht gefunden werden. Auch ein „beobachtendes Ich" scheint anatomisch nicht nachweisbar zu sein, obwohl es Areale gibt, die zum Beispiel für Metakognitionen verantwortlich sind.

Auch wenn sich Hör- und Sprachareale lokalisieren lassen, so können die Geschichten dazu, die die Menschen erlebt und erfahren haben, nirgends gefunden werden. Das macht Hoffnung auf die Überwindung einer rein naturwissenschaftlichen Herangehensweise an eine bisher nicht fassbare Seele. Zu komplex scheint unsere Psyche zu sein, um sie allein mit technischen Verfahren gänzlich erfassen zu können.

In den letzten hundert Jahren hat sich aus einer ursprünglich geisteswissenschaftlich orientierten Psychologie zunehmend eine naturwissenschaftlich fundierte Psychologie entwickelt. Hierbei hat die Hirnforschung sicher einen großen und wichtigen Beitrag geleistet. Niemand würde heutzutage mehr von einem Dualismus von Seele und Körper sprechen. Die Entstehung aller psychischen Phänomene wird derzeit vor allem vor dem Hintergrund eines naturwissenschaftlichen Menschenbildes betrachtet. Als körperliches Korrelat dieser Phänomene gilt das Gehirn mit all seinen Aktivitäten.

Diese biologische Sichtweise ist Ausdruck einer technisierten Weltsicht, in der alles messbar sein muss, um einen wissenschaftlichen Anspruch stellen zu können – leider auch mit allen Nachteilen einer zunehmenden Entfremdung des lebendigen und sterblichen Geistes. Vielleicht lässt sich so auch manches Gasthaussterben der letzten Jahrzehnte erklären: „Gehirne" verbringen ihre Zeit lieber vor dem Fernseher und dem PC, die sich vordergründig besser steuern lassen und die schnelleren Lustgewinn versprechen als persönliche Gespräche, etwa im Gasthaus. Dies muss jedoch auf Dauer nicht so bleiben und kann sich auch wieder ändern. Für mich als Psychologen ist es schwer vorstellbar, dass ein über Jahrtausende entstandenes Gruppenverhalten, der Besuch von Palaverhütten und Gasthäusern, einer technischen Vereinsamung auf Dauer Platz machen wird. Darüber werden sich hoffentlich viele „Gehirne" miteinander austauschen und erkennen, dass sie auf diese Weise degenerieren, ja verblöden – was zumindest einer evolutionären Sichtweise des Menschen widerspräche. Aber sind wir so klug, das zu erkennen?

Soziale Aspekte in der Gastronomie 3

Zum psychologischen Grundlagenwissen gehören auch Kenntnisse der Sozialpsychologie – Kenntnisse von den evolutionären Prozessen des Miteinander, Kenntnisse über die Bedeutung von zwischenmenschlichen Bindungsvorgängen und darüber, wie Einstellungen erworben werden können oder was Primacy-, Kontext- und Recency-Effekte sind, und natürlich auch Kenntnisse über Kommunikation, Körpersprache und Gruppenprozesse.

Gerade für den selbstständigen Gastronomen mit Personalverantwortung oder den Manager von Hotels und großen gastronomischen Betrieben kann das Wissen aus der Arbeits- und Organisationspsychologie von großem Interesse und Wert sein. Hierbei geht es unter anderem um Themen wie Fehler im Arbeitsprozess, die psychische Regulation des Handelns, etwa von Stress und Mobbing, die positive Wirkung von Arbeit, die als sinnvoll und selbstbestimmt empfunden wird, oder auch um die Frage, wie man geeignetes Personal findet.

Dieses Essential soll und kann keine Wiederholung aller wichtigen Inhalte meines Lehrbuches sein. Deshalb möchte ich mich nun einem anderen wichtigen Phänomen zuwenden, und ich hoffe, dass es mir gelingen wird, mich vorsichtig und sensibel genug einem Thema anzunähern, das aus meiner Sicht längst überfällig ist, genauer hinterfragt und verstanden zu werden: Wie viel Psychologe ist denn nun wirklich in einem Bartender drinnen bzw. wie viel soll und darf es denn sein (Abb. 3.1)?

© Springer Fachmedien Wiesbaden 2015
C. Lampert, *Einführung in die Hotel- und Barpsychologie, essentials,*
DOI 10.1007/978-3-658-08473-8_3

3.1 Wie ähnlich sind sich Bartender und Psychologe denn nun wirklich?

Wer jahrelang hinter einer Bar gearbeitet hat, der hat so manches menschliche Schicksal erlebt. Das berichten durchweg alle Gastronomen, mit denen ich mich in den letzten Jahren unterhalten habe. Dazu schreibt ein renommierter Barmann:

> Man sagt: Ein Barkeeper, der fünf Jahre hinter einer Bar gearbeitet hat, der hat ein Psychologiestudium gespart! (Mehnert 2007, S. 7)

Ich möchte es vorwegnehmen: Diese Meinung teile ich so nicht. Sicherlich sitzt die Zunge kaum so locker als nachts am Tresen nach ein paar Drinks und gegenüber einer vertrauten Person, die bereit ist zuzuhören. Da wird der Bartender schon mal schnell zu einem vertrauten Freund, einer Mutter oder zum Vater, und die anderen Gäste zu Familienmitgliedern, bei denen man sich getrost aussprechen kann, mit denen sich schimpfen lässt, vor denen man jammern oder sogar weinen kann. Sind es gerade diese Momente, die den Barmann zu einem Psychologen werden lassen?

Und so muss man sich als Barpsychologe fragen: Gibt es psychische Phänomene, welche dazu führen, dass der Gast im Bartender den „Seelentröster" sieht – und dass dieser sich dann auch tatsächlich wie einer verhält?

Ich denke, ja, die gibt es. Die Voraussetzung hierfür ist sicher eine grundsätzliche Bereitschaft zur Übernahme der Rolle des Versorgers zum Wohle des Gastes, was sowohl an einen Diener als auch Helfer erinnert. Diese Bereitschaft kann je nach Bartendern und Gästetypen aber sehr unterschiedlich ausgeprägt sein.

Abb. 3.1 Die „Bar in der Bar". (aus: Lampert 2013, S. 100; © Sean Locke/iStockphoto.com)

In der psychoanalytischen Theorie geht man beispielsweise davon aus, dass sich frühe und wichtige *Objektbeziehungen* aus der Kindheit im Laufe der Jahre verinnerlichen und Teil des Selbst werden. Diese innerlichen Selbstanteile sind in der Regel unbewusst und können sich, je nach Ähnlichkeit und Bedingung, auf andere Personen übertragen, die ähnliche Funktionen und Rollen aufweisen wie einst die Eltern und Erzieher. Die Bereitschaft des Bartenders, auf diese unbewusste Übertragung der Gäste zu reagieren, wäre dann die Gegenübertragung. In der Regel sind beide Übertragungen unbewusst.

Vor diesem Hintergrund könnte man dann auch erklären, warum sich bei Fremden, die sich an der Bar begegnen, oft innerhalb von wenigen Minuten das Gefühl einstellt, sich schon lange zu kennen – was sie tatsächlich natürlich nicht tun. Das, was sie übertragen und schon lange kennen, ist eine verinnerlichte Beziehungserfahrung, die aus einer anderen, meist frühen vertrauten Beziehung stammt und in der neuen fremden Beziehung aktiv und spürbar wird. Wenn beide so eine Beziehung übertragen, dann haben sie das Gefühl, sich schon lange zu kennen. So mag manchmal auch das „Verlieben auf den ersten Blick" geschehen.

Ich möchte das Wunder der Liebe nicht entzaubern, denn vermutlich entstammt es ja ursprünglich einer „wahren" Liebe. Und ich möchte auch nicht den Eindruck erwecken, als gäbe es unter Menschen keine echte Bereitschaft, anderen zu helfen oder sich zu verlieben. Aber über den Prozess der Übertragung nachzudenken und Ihnen davon zu berichten erscheint mir überaus wichtig. In Abb. 3.2 habe ich diesen wichtigen Prozess der Übertragung und Gegenübertragung deswegen auch grafisch zu verdeutlichen versucht.

Ist der Bartender denn nun auch ein Psychologe oder nicht?
Nein! Ein Bartender ist ein Bartender, so, wie er auch ausgebildet wurde, und Psychologe ist ein wissenschaftlicher Beruf mit akademischem Abschluss. Ich vermute aber, dass jeder Bartender an der Bar zeitweise mit ähnlichen psychischen Verhaltensweisen und Phänomenen seiner Gäste in Kontakt ist wie grundsätzlich auch ein Psychiater oder Psychologe es in seiner Praxis sein kann. Daraus jedoch eine Nähe zur Berufsgruppe der Psychiater und Psychologen zu schließen, ist unsinnig. Niemand würde dies umgekehrt so sehen. Oder kämen Sie zum Beispiel auf die Idee, einen Barmann mit einem Klempner zu vergleichen, nur weil er die Bierleitung spült? Wie kommt es aber, dass immer wieder solche Vergleiche gezogen werden, etwa in diesem Zitat von Robert Lembke:

> Es gibt Psychologen, die in einer kurzen weißen Jacke arbeiten – hinter einer Bar.

Erscheint vielleicht für manchen die Bar als eine Art Abendklinik? Überlegen Sie sich das doch bitte mal selbst und betrachten Sie dabei folgende Begriffe:

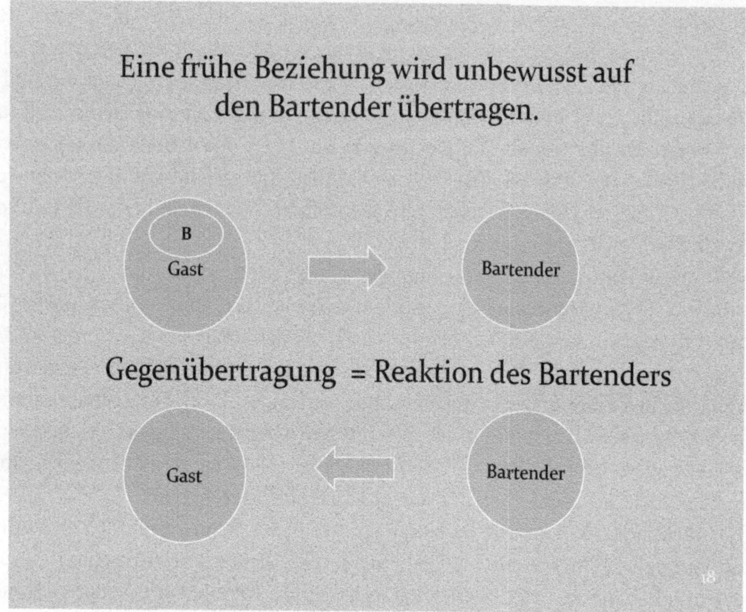

Abb. 3.2 Übertragungs- und Gegenübertragungsreaktion. (B = frühe verinnerlichte Beziehungserfahrung (Objekt im Selbst))

*Abschalten, erholen, auftanken, versorgen, bewirten, beraten, beruhigen, führen; weiße Jacke, Herberge, Gefühle, geschützter Ort, Sorgen loswerden; Rausch,
Aggression, Lösungen suchen, Realitätsverlust, Triebdurchbruch, Verwirrung;
„Mixologen" machen Mixturen, ähnlich wie ein Medizinmann und Schamane.
Diese sollen die Stimmung heben.*

Ich habe im Laufe meines Lebens beide Sichtweisen kennengelernt, die hinter
der Bar und die als Psychologe, unter anderem auf einer psychiatrischen Station.
Und ich glaube, beide Berufe haben möglicherweise latente und bisher unentdeckte Parallelen, aber es gibt auch deutliche Unterschiede. Und dennoch, finde ich,
treffen manche der obigen Assoziationen auf beide Berufe zu. Hinzu kommt die
oben erwähnte Übertragung von Rollenerwartungen des Gastes auf den Bartender.
Seine zuhörende, empathische und gut meinende beratende Haltung mündet so
möglicherweise in eine **Helferbeziehung**. Gerade diese besondere Beziehungsdynamik ist es, die an das Tätigkeitsfeld eines Psychologen erinnert – zumindest
aus der Sicht des Bartenders.

Dies könnte daraus resultieren, dass er das Arbeitsfeld eines professionell arbeitenden Psychologen bzw. Psychotherapeuten nicht kennt. Eine solche spezifische
Helferdynamik lässt dann auch verstehen, weshalb sich Gastronomen von be-

Abb. 3.3 Depressiver Gast in einer Bar. (© Terry J. Alcorn/iStockphoto)

stimmten Gästen regelrecht „missbraucht" fühlen und emotional ausbeuten lassen. Aber auch die umgekehrte Situation ist möglich – nämlich dass der Bartender seine Rolle und die damit verbundene Macht dem Gast gegenüber ausnutzen könnte. Auf Dauer kann der „Missbrauch" des Bartenders als Klagemauer und Ersatzpsychologe bei diesem auch zu psychischen Problemen wie Depressionen oder Burnout-Syndromen führen oder auch zu einer inneren oder gar faktischen Kündigung – worüber manch einer zu berichten weiß.

Da ich im Kontext der Barpsychologie manche Aspekte aus dem klinischen Alltag für sehr wichtig erachte, habe ich in meinem Lehrbuch auch ein Kapitel mit dem Titel **Klinische Hotel- und Barpsychologie** verfasst. Dazu möchte ich Ihnen eine Frage stellen. Wie würden Sie auf einen Gast reagieren, der so dasitzt wie der Herr auf dem Foto in Abb. 3.3?

Würden Sie ihm allabendlich nachschenken, bis er betrunken ist, ihn ansprechen oder es vermeiden, mit ihm ins Gespräch zu kommen? Und wenn Sie ihn ansprechen sollten, was würden Sie ihm sagen oder raten, wenn er die meiste Zeit so dasitzt? Und was glaube Sie, wie die anderen Gäste ihn wahrnehmen und auf ihn reagieren würden? Könnte man so einen Gast ansprechen, ohne ihm zu nahe zu treten, oder ihm gar einen Psychotherapeuten empfehlen? Natürlich gibt es auch betriebswirtschaftliche Gründe und die der Diskretion, dies nicht zu tun. Aber warum lässt man als Bartender manchmal so viel zu und mit sich machen? Dazu habe ich einige Überlegungen in Form von Hypothesen formuliert, die eine Anregung sein könnten:

H = Hypothese zur Annahme: „Ein Bartender sei wie ein Psychologe!"

Die in Tab. 3.1 aufgeführten Hypothesen sind (noch) keine wissenschaftlichen Aussagen. Dazu müssten sie erst empirisch untersucht und geprüft werden.

Betonen möchte ich, dass ich mit den Hypothesen niemandem zu nahe treten will und die Annahmen sicher nur tendenziell zutreffen könnten.

Tab. 3.1 Hypothesen: Der Bartender als Psychologe

H1	Der Gastronom erliegt, genauso wie der übertragende Gast, einer Illusion und verzerrten Wahrnehmung
H2	Der Bartender assoziiert seine Tätigkeit – aufgrund seiner Arbeit in einer, wie er meint, Art „Abendklinik" – fälschlicherweise mit der Tätigkeit eines Psychologen
H3	Das Erleben dieser Verzerrung dient ihm u. a. zur Regulation einer dienenden und manchmal durch die Gäste entwerteten Tätigkeit und somit der Abwehr von Selbstwertkonflikten (Abwehr des inneren Butlers)
H4	Aus einer Art Selbstwertschutz heraus verwechselt er seine Beratung mit der eines Psychologen. (*„Fünf Jahre hinter einer Bar erspart das Psychologie-Studium".*)
H5	Es könnte sich um eine „Größenfantasie" handeln als Reaktion auf die Übertragung und Idealisierung durch den Gast, was für beide problematisch werden kann
H6	Für den entstehenden Selbstwertzuwachs sind manche bereit, jahrelang nachts, an Wochenenden und oft auch in ständigem Lärm und Rauch zu arbeiten. Dafür nehmen sie gesundheitliche Schäden in Kauf und stellen ggf. Partnerschaft und Freunde hintan
H7	Kein Bartender würde aufgrund einer fünfjährigen Bartätigkeit die Leistungsanforderungen eines Psychologiestudiums erfüllen
H8	Nach fünf Jahren hinter einer Bar hat der Bartender in der Regel die nötigen Kompetenzen entwickelt, um mit den Entwertungen und Übertragungen seiner Gäste und deren Rollenerwartungen umzugehen

Um manches aus beiden Berufen klarer auseinanderhalten zu können, habe ich einige Gemeinsamkeiten und Unterschiede beider Berufe herausgearbeitet, die ich anhand verschiedener Merkmale miteinander vergleiche, ohne Anspruch auf Vollständigkeit zu erheben. Mein Ziel als Psychologe ist es, Zusammenhänge, die zu einem bestimmten Verhalten führen, besser verstehen zu können und damit anzuregen, über die psychologische Seite Ihres Berufes nachzudenken.

Menschenkenntnis

Bartender	Psychologe
Intuitiv	Diagnostisch
Auf Erfahrung basierend	Studium, Ausbildung
Nicht kategorial	Kategorial, z. B. ICD-10
Ungeprüft	Wissenschaftliche Standards

Beratungsmethode

Bartender	Psychologe
Ratschläge	Therapie
Intuitiv	Nach wissenschaftlichen Leitlinien
Unbezahlt	Honorar
Willkürlich	Untersuchung, Evaluation
Führt unbehandelt ggf. zur Chronifizierung	Verbesserung, Heilung
Ziel: Bindung	Ziel: Ablösung

Neugier

Bartender	Psychologe
Voraussetzung	Voraussetzung
Interesse, eigene Befriedigung, Firmenerwartung	Verstehen wollen
	Fallverständnis
Gästeerwartung?	Patientenerwartung?
Ziel: Verkauf, Bindung	Ziel: Behandlung, Heilung

Zuhören

Bartender	Psychologe
Intuitiv	Zielgerichtet
Öffentlicher Raum	Geschützter Raum
Umgebungsgeräusche	Stille
An der Bar, unter anderen Gästen	In der Regel Einzelgespräch
Unterbrechungen	50 Min. Aufmerksamkeit
Unregelmäßig	Kontinuierlich

Zuhören

Bartender	Psychologe
Oft alkoholisiert	Nüchtern

Verschwiegenheit

Bartender	Psychologe
Eher willkürlich	Schweigepflicht
Innerbetrieblich	Gesetz
Bruch nicht strafbar	Bruch strafbar
Begrenzt	Gegenüber jedermann
Zum Schutz des Gastes	Zum Schutz des Patienten

Übertragung / Gegenübertragung

Bartender	Psychologe
Willkürlich	Erwünscht
i. d. R. unbewusst	i. d. R. bewusst
Ungenutzt	Wird analysiert
Ohne Selbsterfahrung	Selbsterfahrung
Gefühle werden eher agiert	Gefühle aushalten und bearbeiten
Bleibt unverstanden	Ziel: verstehen

Mixturen

Bartender	Psychologe/Psychiater
z. B. Cocktail	Medikament
Offene Herstellung an der Bar	Verdeckt in Firmen
Relativ willkürlich nach Rezept	Standardisiert, geprüft
Mixt selbst	Rezept für Apotheke
Genuss, Entspannung, Flucht	Behandlung, Konfrontation
Wahrnehmungsverzerrung	Realitätsbildung

Macht

Bartender	Psychologe
Durch Übertragung, Rolle	Durch Übertragung, Rolle
Evtl. wenig reflektiert	Meist reflektiert
Zum Verkauf, oft unklar eingesetzt	Zur Behandlung
Evtl. unkontrollierte Abhängigkeit	Kontrollierte Abhängigkeit
Evtl. für eigenen Vorteil	Im Dienst des Patienten
Ggf. mit privaten und intimen Kontakten zu Gästen	Verbot von privaten und intimen Kontakten zu Patienten

3.2 Zur Existenzberechtigung des Faches

Ich frage mich schon länger, weshalb es bisher so wenig Anstrengungen gab, ein Fach, wie es die Hotel- und Barpsychologie ist, vonseiten der Ausbildungsinstitute und Fachverbände zu etablieren. Warum hat es so lange gedauert? Man kann jetzt sagen: „Was soll's, nun gibt es ja das Fach!" Aber als Psychologe sagt man sich eben auch, dass es Gründe geben muss, wenn etwas geschieht – und auch wenn etwas unterbleibt.

Natürlich gibt es Aus- und Fortbildungen, aber warum hat man sich bei psychologischen Themen bisher mehr auf die Intuition verlassen, statt gut untersuchte Theorien zu vermitteln? Zum Beispiel kleine Gesprächsleitfäden für die Erkennung und den Umgang mit schwierigen Gästetypen?

Möglicher Grund könnte sein, dass eine kollektive Abwehr, sowohl im Berufsstand als auch in der Gästecommunity, es bisher unmöglich gemacht hat, ein Fach wie Hotel- und Barpsychologie zu etablieren. Aber warum diese Abwehr? Weil sich wohl niemand nach Feierabend professionell beobachtet oder analysiert fühlen möchte – und schon gar nicht ungefragt. Natürlich geschieht dies dennoch ständig, wo Menschen zusammenkommen, aber ich glaube, es wird schnell verdrängt, statt hinterfragt oder analysiert zu werden.

Verdrängung → zum Selbstschutz des Gastronomen und des Gastes?
Ich vermute, dass bei vielen eine unbewusste Tendenz besteht, alles zu verdrängen, was im gastronomischen Berufsfeld unbewusste Motive offenbaren oder gar infrage stellen könnte. Es hat fast Tradition, dass es keine offizielle Barpsychologie gibt – ja geben darf. Vielleicht findet sich bisher auch deshalb kaum etwas darüber zu lesen.

Es besteht meines Erachtens noch immer ein latenter Widerstand gegen die Etablierung des Faches Hotel- und Barpsychologie an den Berufsschulen und in den Betrieben. Dies birgt die Gefahr, dass man es abwertet, verleugnet, nicht zur Kenntnis nehmen will oder weiter für unwichtig erklärt. Hierbei orientiert man sich wohl an den Meinungen der grauen Eminenzen der Branche. Die werden es schon wissen, wenn sie so lange erfolgreich im Geschäft sind! Und ich glaube, gerade manche dieser Eminenzen stellen dem Fach den größten Widerstand entgegen. Aus welchem Grund? Um zu verbergen, dass es für sie fremd und Neuland ist und dass sie darin (noch) nicht so großartig sind wie in ihrem eigentlichen Geschäft.

Verhaltensmuster in gastronomischen Kulturen haben sich seit Jahrhunderten aufgrund einer langen Auseinandersetzung zwischen beiden Gruppen, den Bartendern und den Gästen, herausgebildet. Gastronomen erziehen so immer wieder ihre Gäste – und Gäste erziehen wiederum ihre Gastronomen. Daraus resultiert die Erfahrung: „So geht man miteinander um!" Verhaltensvarianten bestehen vor allem zwischen den unterschiedlichen sozialen Gruppen, zum Beispiel aufgrund von unterschiedlicher Bildung, differenter Werte und Einstellungen oder verschiedener Wohlstandsniveaus. Die Hotellerie und Gastronomie soll leisten, was kaum eine andere so hoch frequentierte Institution leistet, nämlich das Verhalten der Gäste niemals öffentlich zu hinterfragen. Es wird meistens zügig und höflich und zugewandt bedient – nach dem alten Motto: „Der Kunde ist König!"

Dass einige Bartender nach dem umgekehrten Motto arbeiten und leben, so, als seien sie noch in einer Art pubertären Trotzphase – „Ich selbst bin der König und die Gäste haben mich gefälligst zu bewundern!" –, ist ja bekannt und erzeugt tendenziell eine Umkehr der Übertragungsrichtung (s. o.). Aber dies goutieren wohl nur wenige Gäste – und zwar die, die eine gewisse Erniedrigung von zu Hause gewohnt sind. Manchmal gibt es nur die eine Kneipe vor Ort – und dann hat man einfach Pech gehabt und sucht sich, falls man den Beau, den selbst ernannten König hinter dem Tresen nicht mehr ertragen kann, am besten eine andere.

3.3   Fantasien über die Zukunft

Hotellerie und Gastronomie begreifen sich bis heute als diskret zurückhaltende Dienstleister. Sie psychologisch zu hinterfragen, birgt die Gefahr in sich, Verdrängtes anzusprechen, Konflikte aufzudecken und so Gäste vergraulen zu können. Deshalb glaubt man, besser eine freundliche, dienende und zurückhaltende Rolle gegenüber dem Gast einnehmen zu müssen, damit unerwünschte Konflikte vermieden werden. Oberflächlich betrachtet mag das sicher auch zutreffend sein und es hat, wie wir gesehen haben, ja eine lange Tradition, sich genau so und nicht anders zu verhalten. Dies geht aber nur dann, wenn man als Gastronom bereit ist, viele seiner eigenen Wünsche, Ansichten und Emotionen zu verdrängen und sich wie ein dienender Butler oder eine versorgende, verzeihende Mutter zu verhalten, damit die „kindliche Seite" der Gäste sich nicht brüskiert fühlt – und die Gäste gerne wiederkommen.

Selbst wenn sich manche Gäste flegelhaft benehmen, so, als seien sie zu Hause, oder wenn sie sich aufführen, als säßen sie gerade anspruchsvoll und bedürftig am Tisch der Eltern – wird es nicht in den meisten Betrieben vom Personal geduldig bis phlegmatisch hingenommen und schnell der Verleugnung anheimgestellt?

In der Psychologie nennt man die Leistung, sich emotional der Rollen- und Firmenerwartungen anzupassen, auch **Emotionsarbeit**. Unbewusst wirken verdrängte Emotionen jedoch weiter.

Gerade in schwierigen Momenten besteht aber die Chance, ein „guter Gastwirt" zu sein. Dazu muss man die Bereitschaft haben, dem Gast wohlwollend und in seiner Entwicklung förderlich zu begegnen, aber auch bereit sein, ihm Grenzen zu setzen. Wissen über das psychoanalytische Konzept der Übertragung kann dabei von Vorteil sein. Dies beinhaltet jedoch auch einen verantwortungsvollen Umgang mit dem Gast, besonders mit der von ihm übertragenen Macht.

In meiner psychologischen Vorstellung habe ich folgende „ausschweifenden" Fantasien (bitte nehmen Sie diese nicht allzu ernst):

Mir schwebt ein Barkonzept mit psychologisch geschultem Personal vor, das dazu beiträgt, mit den Gästen im Sinne ihrer „Nachschulung" verhaltensfördernd umzugehen – ähnlich wie in einer familiären Gruppe. Der Gast gibt in diesem Konzept durch das Betreten des Lokals automatisch sein Okay zur begrenzten Intervention des Gastwirts.

Die Existenz solcher Bars, Gaststätten und Restaurants würde sich schnell herumsprechen. Die Bars mit „gutem Gastwirt" würden dann wohl sehr schnell von solchen mit weniger gutem Gastwirt unterscheidbar sein. Die Arbeit der „guten Gastwirte" müsste natürlich auch besser honoriert werden. Hierfür könnte man zum Beispiel am Eingang der Bar oder des Restaurants Punkte erwerben, die gleichzeitig als Einverständnis gelten würden, eine bestimmte Unterstützung zu erhalten, zum Beispiel 15 Min Informationen über Weine, zu Ess- und Tischsitten oder zum Flirtverhalten.

Speziell geschulte Mitarbeiter könnten so den Gästen für eine begrenzte Zeit zur Seite gestellt werden, ohne dass der normale Servicebetrieb behindert würde. Bisher steht jeder Bartender und Gastronom wie selbstverständlich zur Verfügung – informiert, berät, hört zu und gibt gegebenenfalls Ratschläge. Um einem außerordentlichen, belastenden und ausbeutenden Gästeverhalten entgegenzuwirken, könnte dieses Modell als zusätzliche Dienstleistung angeboten werden.

In den „Wohnzimmerbars" wird eine familiäre Umgebung angeboten. Eine heimische Atmosphäre, zum Beispiel aufgrund einer Einrichtung mit Großmutters Möbeln, regt bei manchem Gast Assoziationen mit seiner Kindheit oder Erinnerungen an die Großeltern an. Es entsteht ein Zustand des „Als ob". Man sinniert zurück in die alten Zeiten, obwohl jeder weiß, dass sie unwiederbringlich vorbei sind. Ein erwünschtes Ziel ist dabei vielleicht, über Erinnerungen alte Bindungserfahrungen zu aktivieren und so eine Stammgastbindung herzustellen. Ein bewusster Umgang mit den Emotionen der Gäste kann dabei sehr hilfreich sein. So, wie es stabile Familiensysteme gibt, die auf gegenseitiger Wertschätzung beruhen, so gibt es auch gepflegte, aufgeräumte Bars mit vertrauensvollen Bartendern und Gästen mit einem vom Tender bestätigten und geförderten hohen Selbstwertgefühl. Aber es gibt auch sehr einfache, unorganisierte Gasthäuser, oft mit hilflosem und schlecht ausgebildetem Personal, das überfordert wirkt. Und es gibt Gasthäuser mit sozial verwahrlost wirkenden Gästen, wo die leidvolle Stimmung schon beim Betreten spürbar wird. Es gibt eher offene Gästegruppen, aber auch Gruppen, bei denen man gleich das Gefühl hat, vor einer Festung zu stehen, die keine Fremden hereinlassen will – manchmal auch zum (wirtschaftlichen) Leidwesen des Betreibers. Das alles aber ist Gastronomie!

Es gelingt auch nicht jedem Mitarbeiter, in einem guten und für ihn passenden Haus unterzukommen, und nicht jedem selbstständigen Gastronomen, eine stabile, wohltuende und zahlungskräftige Gästeschaft an sich zu binden.

Nach Jahren der Plage zieht sich so manch einer nach Feierabend zurück und macht ein mürrisches Gesicht, weil ihm wieder mal bestimmte Gäste ihre schlechte Laune haben spüren lassen. Und er klagt: „Dafür werde ich doch nicht bezahlt!"

Nach all der Schufterei, den jahrelang verdrängten und verleugneten Wünschen und Gefühlen und nach all den Anpassungsleistungen, die notwendig waren, um überleben zu können, bleibt manchem oft nur wenig Zeit für Freunde und dafür, einfach mal selbst an geselligen Runden als „ganz normaler" Gast teilzunehmen.

Gerade diesen Menschen möchte ich dieses Essential widmen. Vielleicht können mein Buch und die Hotel- und Barpsychologie insgesamt dazu beitragen, etwas Hoffnung auf Veränderung zu machen, indem sie helfen, mehr über die psychischen Phänomene ihrer Gäste zu erfahren und besonders auch – über sich selbst.

Zusammenfassung

Im vorliegenden Buch habe ich versucht, den Lesern einen Einblick in die Grundthemen der Hotel- und Barpsychologie zu geben. Am Beginn stand die Frage: Wozu ist ein solches Fach überhaupt notwendig? Wichtig bei ihrer Beantwortung war zu erkennen, dass es zentral um das Erleben und Verhalten des Menschen in der Gastronomie geht – und für die Untersuchung menschlichen Erlebens und Verhaltens ist eben die Psychologie mit ihren Fachdisziplinen zuständig.

Es kann für Gastronomen von großem Nutzen sein, über Erlebens- und Verhaltensweisen derer Bescheid zu wissen, mit denen sie es Tag für Tag zu tun haben. Hierbei ist aber auch zu beachten, dass ein Zugang zur Psychologie eher einem Puzzel gleicht, dessen erfolgreiche Zusammensetzung Geduld erfordert und nicht für jeden das Richtige ist.

Im Weiteren wurden wichtige Inhalte der Hotel- und Barpsychologie dargestellt. Hierzu zählen Phänomene wie Wahrnehmung, Kognition, Lernen, Emotion oder Motivation. Es ging um die Persönlichkeits- und Typenlehre sowie auch um die Funktionsweise des Gehirns.

Manchmal erscheint es naheliegend, eine Bar für eine Art Abendklinik zu halten, in der der Bartender als Helfer oder gar Arzt und Psychologe fungiert. Aber es gibt viele Merkmale, in denen er sich deutlich von denen eines Psychologen unterscheidet. Eine mögliche Ursache der Identifikation mit der Psychologenrolle könnte der Versuch des Aufbaus einer Art Selbstschutz sein, um persönlichen Abwertungen und Kränkungen durch die Gäste entgegenzuwirken.

Wenn Verdrängtes angesprochen wird, besteht die Gefahr des Widerstandes. Deshalb könnte es sein, dass es auch einen latenter Widerstand gegenüber der Hotel- und Barpsychologie gibt. Eine Symptomatik dessen könnte sich unter anderem

27

C. Lampert, *Einführung in die Hotel- und Barpsychologie,* essentials,
DOI 10.1007/978-3-658-08473-8_4

darin zeigen, dass man die Hotel- und Barpsychologie als Fach entwertet, für unwichtig hält oder seine Existenz gänzlich verleugnet.

Neue, zukunftsorientierte Konzepte im Umgang mit Gästen sind vorstellbar, die
in Richtung einer bestimmten Persönlichkeitsförderung gehen – beim Gast wie bei
dem, der ihn bedient, umsorgt, der ihm zuhört und ihn berät.

Was Sie aus diesem Essential mitnehmen können

- Hotel- und Barpsychologie trägt zu einem besseren Verstehen der Gäste bei.
- Das Fach ermöglicht einen fundierten Einblick in die Grundlagen der Psychologie und richtet sich speziell an Gastronomen und Hoteliers.
- Es besteht die Gefahr einer Verwechslung der Berufe Bartender bzw. Gastwirt und Psychologe. Zwischen beiden Berufen bestehen aber deutliche Unterschiede. Anhand verschiedener Merkmalsbereiche können diese gegenübergestellt werden.
- Zwischen Gastwirt und Gast kann es zu einer Art „Helferbeziehung" kommen. Das Phänomen der Übertragung spielt dabei eine entscheidende Rolle.
- Um einen reibungslosen Betrieb zu garantieren und einem den Bartender – in psychischer Hinsicht – ausbeutenden Gästeverhalten entgegenzuwirken, könnten sich zukünftig speziell geschulte Mitarbeiter um die Sonderwünsche der Gäste kümmern.

© Springer Fachmedien Wiesbaden 2015　　　　　　　　　　　　29
C. Lampert, *Einführung in die Hotel- und Barpsychologie,* essentials,
DOI 10.1007/978-3-658-08473-8

Literatur

Elliot, A. J., & Niesta, D. (2008). Romantic red: Red enhances men's attraction to women. *Journal of Personality and Social Psychology, 95*(5), 1150–1164.

Goleman, D. (1998). *Emotionale Intelligenz* (22 Aufl. 2011). München: dtv.

Karremans, J. C., Stroebe, W., & Claus, J. (2006). Beyond Vicary's fantasies: The impact of subliminal priming and brand choice. *Journal of Experimental Social Psychology, 42*(6), 792–798.

Lampert, C. (2013). *Hotel- und Barpsychologie.* Heidelberg: Springer.

Mehnert, F.-J (2007). *Gemixte Barkeeperplaudereien.* Erfurt: RBV Verlag.

Mehta, R., & Zhu, R. P. (2009). Blue or red? Exploring the effect of color on cognitive task performances. *Science, 323*(5918), 1226–1229.

Oberfeld, D., Hecht, H., & Gamer, M. (2010). Surface lightness influences perceived room height. *The Quarterly Journal of Experimental Psychology, 63,* 1999–2011.

Zimbardo, P. G., & Gerrig, R. J. (2008). *Psychologie* (18 Aufl.). München: Pearson.

Feltes, T. (2014). Polizeiwissenschaft: Newsletter 4/2014. http://www.polizei-newsletter.de/books/2014_Hotelpsychologie_Feltes.pdf.

© Springer Fachmedien Wiesbaden 2015   31
C. Lampert, *Einführung in die Hotel- und Barpsychologie,* essentials,
DOI 10.1007/978-3-658-08473-8